빨간 우체통 앞에서

* 수록 시의 순서와 표기법은 발행한 시집대로 하였습니다.

빨간 우체통 앞에서

신현정 시선집

도서출판 도훈

차례

1부 對立대립

사막의 시간 … 11
가난한 사람 … 12
미래를 찾아 … 13
일기日記 … 14
주먹 … 15
對立대립 … 16
소 … 17
交信교신 … 18
그날 … 19
풀빛 … 20
나무 … 21
풀벌레 … 22
蠶室잠실 … 23
蠶室잠실 … 24
들꽃 … 25
가을에 내리는 비 … 26
그믐밤의 수繡 … 27

2부 염소와 풀밭

빙점 … 33
이 평화를 깨는 것으로 흰 눈이 하게 하라 … 34
나목裸木 … 35
수평선을 치다 … 36
악수 … 37
하산下山 … 38
칩거蟄居 … 39

날씨 좋은 날 … 40
눈사람을 만들다 … 41
새들의 길 … 42
황혼이 큰 산을 … 43
소망하는 모든 것 … 44
달팽이 가다 … 45
조등弔燈 … 46
염소와 풀밭 … 47
나이테 … 48
밀약密約 … 49
도깨비바늘 … 50
경계 … 51
화해和解 … 52
봄봄 … 53
흰눈 내리는 날 … 54

3부 자전거 도둑

경계 … 56
하나님 놀다 가세요 … 57
오리 한 줄 … 59
자전거 도둑 … 60
극명克明 … 62
일진日辰 … 63
풍뎅이 … 64
바다의 구도 … 66
경치景致 … 67
라 라 라 라 … 69
희망 … 70

소금쟁이 … 71
세한도歲寒圖 … 72
소금창고지기 … 73
싸움 … 74
바다에 관한 백서白書 … 76
호두 두 알 … 78
강아지풀 … 80
무당벌레 … 82
수련이 피었다기에 … 83
파문波紋 … 85
훠이훠이 … 86

4부 바보사막

바보사막 … 88
난쟁이와 저녁 식사를 … 90
와불臥佛 … 92
복숭아 … 94
태아를 모시다 … 95
장마 … 97
달에 가는 기차 … 99
백경白鯨 … 101
순한 구름 … 103
낙차落差 … 104
고래는 멀리서 더 멀리서 … 106
산책하는 자전거 … 108
빨간 우체통 앞에서 … 110
굿모닝 … 112
게들의 전쟁 … 113

화해和解 … 115
  모래시계 … 117
  소독차 꽁무니 … 119
  해태를 돌려놓다 … 121
  빨래를 널면서 … 123
  분꽃 … 125
  보리물결 … 126
  공양供養 … 128
  소망은 온전하다 … 130

5부 화창한 날

  사루비아 … 135
  해바라기 … 136
  빨간 모자의 레이스 … 138
  포란抱卵 … 140
  시인과 선인장 … 142
  화창한 날 … 144
  비 개인 날의 우산 … 146
  별사탕의 탄생 … 148
  참회懺悔 … 149
  영원 혹은 찰나 … 150
  야 단풍이다 … 151
  아무 표적 없이 … 152
  민들레 곁에 쭈그리고 앉아있다 보면 … 153

발문

  나, 그냥 저 똥에 경배하고 싶어진다 … 156
  - '바보사막' 시인 신현정
  홍 일 표 시인

1부

對立대립

사막의 시간

사막을 걷는 낙타처럼 온몸이 사막이 되어 사막을 가는, 한 방울의 물을 아끼며 먼 길을 가는 대상隊商의 고단한 얼굴과 함께 그것만이 소중한 시간, 모든 것 다 고요히 사막으로 정지돼 있는 사막의 시간은 오직 그것만이 시간인 한 방울의 물을 아끼는 사막의 시간.

가난한 사람

괴로운 자者여, 엎드려라.
괴롬 속에 엎드리면 조금 나아진다.
저기 저기 바위들도 잠자는 것이 아니라
일어서려고 하는 것이 아니라,
땅에 엎드려 있는 것 같다.
엎드려 모습을 깎는다.
오늘도 내일도

가난한 자者여 가난 속에 더욱 엎드려라.
그것은 조금 나아지는 일
모든 것이 그렇다.
귀뚜라미도 자세히 보면 엎드려서 울고
오, 나무를 찍을 때 도끼도 한 번쯤 나무 속에서 서서 힘을 내는 것이
아니라,
자세히 보면 새파란 날을 엎드리며 떤다.
불빛 밑에 업드린 자者여, 불빛 밑에 엎드린 자者여.

미래를 찾아

　나무에 물 올라와 그 물 다 팔 벌려 녹음 뚝뚝 물방울 듣는 그 나무 위에 올라가 나도 양팔을 벌리고 하늘 향했습니다. 언제까지고 바라보는 푸른 하늘 유심히 하늘 향해 백치白痴가 보일 때까지 하늘 향했습니다.

일기 日記

어느 날 문득 이제는 다시 무엇으로 되고자
열심히 사람을 만나 사람이 되어 보았다
아무 일도 생기지 않았다
사람을 만났다.

주먹

꽃에도 주먹이 있나니 한 때를 살고 망가지는 것들은 주먹을 가지고 있나니 주먹이 있기 때문에 서럽고 뜨겁고 망가진다고 말할 수 있나니 오늘 두어 송이 망가지는 주먹이여. 허공에 가만히 들이밀고 가장 고요한 주먹이여. 고요히 망가지는 주먹이여.

대립對立

보다 정면正面으로 뛰쳐나올 수 있게 이마가 남는다.
너희는 눈, 코, 귀, 입을 빼앗고
이제 그만 사색死色이 되는 줄 알겠지만
내 얼굴은 이마가 거의 차지해 주어
마음 속의 눈그늘은 깊숙히 자리잡고
그만큼 밝은 불을 켠다.
암흑의 앞에서
자기가 깨어지지 않으면 암흑이 깨어지는
둘 중의 하나인 세계世界에서
보라, 이제는
벌겋게 달군 고문拷問의 쇠도 먹을 수 있게
이마가 남는다.

소

소가 어느 한 순간 망각으로 시작해서
망각으로 어슬렁어슬렁 모가지가 잡혀 들어가며
끝나는 줄 알았습니다.
그러나 소는 정면이 있습니다.
죽어서 죽지 않고 살아서 죽음의 눈 뜨고
살아서 죽는 정면이 있습니다.
正面정면에 正面정면을 향한 쇠뿔이 달렸습니다.

交信교신

어쩌자고 함정처럼 누워서 당신은
天井천정을 노려 보았는지
눈만 감으면 귀신이 된다 한다.
깃발같은 귀신이 된다 한다.
불어 오너라 바람아,
바람이 부는 대로 휘날리는 일이 나의 일이다.
당신과 나는 虛空허공을 넘어서 뭉치자.
헛됨과 쫓김으로 더욱 더 펄럭이자.
마음 속의 귀부터 쭈욱 찢어져
暗黑암흑 속을 날아오는 친구야,

그날

진달래 꽃 그늘에 푹 파묻혀 술, 잠, 노래, 울음
그리고 사랑, 우정, 그 어느 것 하나 되어 보려고 할
때에
거기 꽃그늘 밑에
돌 가려운 돌 하나 울긋불긋 긁고 싶은 돌
가려운 돌 하나.

풀빛

1

그가 살아 있다니 우리는 거칠은 들판에 거칠게 깔리는 풀빛을 바라보았습니다. 오래도록 서 있었습니다.

2

이제 우리들이 압니다. 저 풀들이 갑자기 서슬 푸른 것은 그 누구도 모르게 칼을 삼켰기 때문입니다. 들판이 서슬 푸른 것은 풀들이 일제히 칼을 삼켰기 때문입니다.

3

마지막으로 그를 한번 더 보고 떠나는 아 우리가 풀처럼 서겠습니다.

바로 오늘 이 자리에서 살고 죽고 몸 마르는 일만 남는다 하더라도 언제든 때가 오면 칼 빛을 토하겠습니다.

나무

나무처럼 굵고 아픈 마디로 살고
나무처럼 아픈 한 마디 말도 없이
언제까지나 그 자리에서 조용한 흔들림으로
조용한 흔들림으로

풀벌레

저것들은 혼자들 왔는가
여럿이들 함께 왔는가
저것들의 노래는 혼자가 아니면서도
울음이 아니면서도
혼자이면서
혼자이면서도 혼자가 아니게
노래를 부르는 저것들은
어디서 왔는가

蠶室잠실

자갈 다 뺀 뚝섬강의 강물소리를 들으겨
모래 다 빼낸 뚝섬강의 강물소리를 들으며
그대여, 아직도 그토록 많은 집들 높이 올리는 소리를 들으며
그대여, 정말로 너의 집은 어디에 있으며
이 곳에 살기 위하여
몇 평이나 차지했는가.

蠶室잠실

 큰 자갈 작은 자갈 그대로 바닥에 깔고서 흐르는 뚝섬강의 강물소리는 얼마나 아름다웠느냐
 모래알들 숨쉬며 흐르는 뚝섬강의 강물소리는 얼마나 아름다웠느냐
 황금빛 모래무지 강바닥에 몸 파묻은
 뚝섬강의 강물소리는 얼마나 아름다웠느냐.

들꽃

들풀 한꺼번에 들꽃 피우는
들꽃 속에서
너를 부르는,
너를 부르며 들꽃 하나 눈 앞에
숨결처럼 가깝게 피어 있는 걸 보누나.

가을에 내리는 비

그대여 무일푼의 비를 맞고 있다네.
무일푼의 비는 무일푼으로 맞아야 한다네.
무일푼은 한 푼도 없는 것이라네.
무일푼은 일 푼이 될 수 없다네.
그대여 무일푼의 비 내린다네.
무일푼은 무일푼과 합쳐서 일푼이 되지 않는다네.
일푼은 소란스러운 것이라네.
무일푼으로 무일푼의 비를 맞아야 한다네.
그대여 무일푼으로 무일푼의 비를 맞고 있다네.

그믐밤의 수繡

할머니가 청자青瓷와 난蘭 그리고
학鶴을 뜨다 넘겨보는
바늘구멍 속의 한 세상에
벌렁 드러누워
담배를 피우는 일은 거룩하다

청자青瓷와 난蘭을 뜨다
돌멩이 옆에 돌멩이 돌멩이 옆에 돌멩이 옆에
바람 우는
돌멩이 위에
돌멩이 하나 올려놓고
바람 속에
길을 오는 할머니.

먼 장터의 불빛이
대밭에 와 깨지고
이 땅의 논에는 해오라기 하나가

목화처럼 눌린 꿈을 안고

발을 떤다.

바람은

어제의 빗발에 지워진 바람의 얼굴은

후원後苑쪽으로 향한 문고리에 닿아

살아오르고

떨어지는 오동의 꿈,

창 밖에 오동의 꿈은 내리고

훔치듯 훔쳐내듯

소문은 소문대로 실꾸러미가 풀릴수록

문풍지처럼

한 동이 물이 넘치는 할머니

할머니에게 저 어린 황제皇帝가

<망명亡命의 초저녁 꿈이 번쩍 떠진 탓을> 돌리며

재떨이를 놓는

바늘구멍 속의 한 세상

청자靑瓷와 난蘭을 뜨다
돌멩이 옆에 돌멩이 돌멩이 옆에 돌멩이 옆에 바람 우는
돌멩이 위에
돌멩이 하나 올려놓고

백발이 되어
길을 오는 할머니.
청자靑瓷와 난蘭 그리고 학鶴을 뜨다
실실히 터치어 놓은 어둠의 부피 위에
벌렁 드러누워
장발長髮의 연기를 날리기.
징그러운 내 웃음의 일도 계집질도
쌍욕도 거룩하다.

2부

염소와 풀밭

빙점

첫 겨울,

냇강을 오르내리며 살던 붕어가 세상이 어디인가 하고

아주 쬐끔 입질해 물을 열어보았던 것인데

그만 닫는 걸 잊고 가버린 거기에서부터

온 천지가 물 얼다.

이 평화를 깨는 것도 흰 눈이 하게 하라

흰눈이 내리는 흰눈의 나라는

흰눈 자체만으로 하얗다, 고요하다, 가득하다

그 누구도 한 발자국도 들어서지 못한다

한 발자국도

하얗다, 고요하다, 평화스럽다

이 고요를 깨는 것, 내리는 흰눈이고

이 평화를 깨는 것, 내리는 흰눈이고

흰눈이 내리는 흰눈의 나라는 흰눈이 하게 하라

흰눈이 하게 하라

한 발자국도 들어서지 못한다.

나목裸木

사실, 입성만큼은 때 맞춰 복을 받은

나무는 그 외에도 비나 눈이 오면 비옷, 눈옷,

노을 뜨면 노을옷 다 입어보고는 하지만

아무래도 옷은 거추장스러운 모양, 남의 옷은 물론

제 옷마저 훌훌 벗어버리고

텅 빈 하늘에 부끄럼 없이 다 보이고

우뚝 서 있는 것이다.

수평선을 치다

하늘과 맞닿으려고

바다는 수평선을 평평히 치고

하늘과 맞닿으려고

하늘과 한몸이 되려고

한몸이 되어 출렁거리며

먼 바다 혹은 고래를 낳으려고

먼 바다를 부르며

바다는 하늘 밑으로 몸을 바짝 밀어넣는다.

악수

산을 오르내리며

비탈길에서 누구나 할 것 없이

한번쯤 붙들고 오르내린 비탈에 선 나무

성큼 더 자라지도 뻗지도 못한 채

휘어져라 허리를 내준 나무

붙들고 오르내린 부분, 껍질 다 벗겨지고

굵고 반들바들한 옹이가 만져진다

아무려나, 저런 사람과 악수해 보았으면.

비탈에 선 나무의

손아귀에 덥석 잡히면서

산을 오르내린다.

하산 下山

산에 오를 때 지나친 벼랑을

내려오면서 보게 된다

까마득히 내려다뵈는 벼랑 어디쯤

파란 솔 한 그루 몸을 틀었다

알겠다

그 아래부터는 죄다 세상이다.

칩거蟄居

석양이 내리는 난간에서였던가

무얼 자꾸 끊임없이 풀어내든가 하는 거미는

집짓기가 다 끝났는지

거미줄 한복판에 그야말로 마침표를 찍듯이

몸을 동그랗게 말고 들어앉았다

멀리서 보면 석양 속, 마침표만 도도하다

글쎄 그럴까, 저 마침표,

허공에 점 한 점, 저 마침표. 나는

마침표가 도저히 믿기지 않는다

끝이 아닌 앞으로 올 어떤 예감의 사실이

거미줄에 교직된 치밀한 날줄, 씨줄을 확연히 보게 한다.

날씨 좋은 날

하늘에서 하늘비 내리면서 빗물 먹은 나무들

비 그치고 햇빛에 반짝인다

나는 나무 밑에 서서

어인 일, 바삐 지나는 친구를 나무 밑으로 불러들여서는

나무를 와락 흔들어

나무비 흠뻑 맞게 한다

하,하,하, 날씨 좋은 날, 감쪽같이 나무비 한 방 먹인다

나무에서 나무비 내린다.

눈사람을 만들다

눈과 코를 만들고

코 밑에 생솔가지를 붙여

그럴듯하게 수염을 만들어주고는

적어도 눈사람은 무슨 소리가 뒤에서 나도

서 있는 그대로 앞만 바라보게 했다

세상을 모나지 않게 둥글게 한 것까지는 괜찮았는데

생각하면 뒤에서 무슨 일이 있어도

그저 앞만 바라보는 일이 얼마나 힘들었겠는가

밤에 얼마나 무서웠겠는가

그것을 눈사람에게 시켰는가 말이다.

새들의 길

하늘에 한 떼의 새들이 지나간다

그 뒤로 날개 지친 몇 마리 어린 새가 뒤따랐지만

새들은 길을 만들지 않고 간다

새들은 제 뒤에다 길을 두지 않는다

철 바뀌어 파릇파릇 풀 돋고

틀림없이 다시 딛고 와야 할 길이 역력하건만

길 한 줄 만들어 놓지 않고 간다

새들은 길을 만들지 않는다.

황혼이 큰 산을

황혼이 큰 산을 이루고 있다. 산 뒤의 산 그 산 뒤의 산 낮고 낮은 산도

거느리고 그것들을 오직 큰 산 하나의 이름으로 이루고 있다

또 황혼은 우리가 아직 못 넘은 큰 산을 곧 자기처럼 몸을 뒤집은 어둠으로

몸을 뒤집어서라도 넘어가라고 하는 안타까운 마음으로 떠 있다.

소망하는 모든 것

나무에서 나는 새를 꺼냈다

사실 심지도, 싹이 트지도,

물도 주지 않은,

높이 자라지도,

잎도 달지 않았으며

숲도 이루지 않은 나무였지만

어느 날 나는 한 그루 나무에서

새를 꺼냈으며

푸른 하늘로 훨훨 날려주었다.

달팽이 가다

조그만 집 한 채 구해서

벚꽃 떨어진 마른 땅을

살살 비질하며

길 한 줄 내어 가고자

달팽이처럼 전속력으로.

조등弔燈

감나무 가장이에 높다랗게 달린 홍시같이

해 뜨는 곳과 해 저무는 곳이 한 꼭지에 모인 빛깔,

방금 문 밖에 내걸렸다.

염소와 풀밭

염소가 말뚝에 매여 원을 그리는

안쪽은 그의 것

발을 넣고 깨끗한 입을 넣고 몸을 넣고

줄에 매여 멀리 원을 그리는 안쪽은

그의 것

염소가 발을 넣고 뿔을 넣고 그리는 원을 따라

원을 그리는 하늘도 안쪽은 그의 것

그 안쪽을 지나는 가슴 큰 구름이며, 새들이며

뜯어 먹어도 또 자라는 풀은 그의 것. 그러하냐.

나이테

그리고 잎 떨구며

몸안에 쌓은

금빛 바퀴

어느 하늘 속 푸른 날을 날아온

새의

심장 박동에 맞춘

금빛 바퀴.

밀약密約

달빛 내리는 밤에

풀벌레들은 서로가 보이지 않는 손을 뜨겁게

잡고 있는 것이다. 그렇지 않고서야

풀벌레 소리 한꺼번에 그치다가

한꺼번에 울음 울 수가 없는데

오늘은 대체 어떤 밀약인가

풀벌레 소리가 수풀을 다 가렸다.

도깨비바늘

한낮, 외진 길가 풀섶에

바람부는 대로 흔들리며

그림자도 없이 서 있는 도깨비바늘에는

도깨비가 살면서

이제나 저제나 언제나 세상에 나가볼까 하고는

거길 지나치는 하 세월의 것들에게

무심한 옷이나 한 벌 지어 입으라고

바늘을 꽂고 있으렷다.

경계

저, 수평선

바다와 하늘을 나누어 놓자는 것일까

바다와 하늘을 붙여 놓자는 것일까

바다와 하늘 사이를 파란 띠가 지나갔다

바다 빛보다 하늘 빛보다

어찌나 고운 파란 띠가 지나갔다.

화해和解

흰눈 내리는 날, 아무도 밟지 않은 새길 내면서

나, 하얀 눈 한 덩어리 주먹만 하게 뭉쳐

한없이 그걸 굴리며 굴리며 가서, 거기

아주 커다란 눈사람을 세우고 오겠네

이 세상 끝에다가.

봄봄

복사나무에 복사꽃 다 떨어졌다

간밤에 달이 그리 밝더니 웬 바람은 그리 불더니

누군가 천기를 누설한 것이 틀림없다

틀림없다

하늘에 새들 도도히 난다.

흰눈 내리는 날

흰눈 내리는 날에 배경이 되고 싶다

문득, 내 오던 돌아갈 길마저 하얗게 지워버리고

배경이 되고 싶다. 그리하여

나무, 숲, 언덕 너머, 어느 아름다운 골짜기에 이르러서

귀가 순한 짐승 한 마리 놓고 싶다.

3부

자전거 도둑

경계

나, 해태상의 머리 위로 뛰어올라

나는 모든 것의 경계에 섰노라 하고

외쳐보려고 한다

해태의 눈을 하고

이빨을 꽝꽝꽝 내보이며

뿔을 나부끼며

경계가 여기 있노라

연신 절을 하려고 한다

어서 오십시오

안녕히 가십시오.

하나님 놀다 가세요

하나님 거기서 화 내며 잔뜩 부어 있지 마세요

오늘따라 뭉게구름 뭉게뭉게 피어오르고

들판은 파랑물이 들고

염소들은 한가로이 풀을 뜯는데

정 그렇다면 하나님 이쪽으로 내려오세요

풀 뜯고 노는 염소들과 섞이세요

염소들의 살랑살랑 나부끼는 거룩한 수염이랑

살랑살랑 나붂는 뿔이랑

옷 하얗게 입고

어쩌면 하나님 당신하고 하도 닮아서

누가 염소인지 하나님인지 그 누구도 눈치채지 못

할 거예요

놀다 가세요 뿔도 서로 부딪치세요.

오리 한 줄

저수지 보러 간다

오리들이 줄을 지어 간다

저 줄의 말단末端이라도 좋은 것이다

꽁무니에 바짝 붙어 가고 싶은 것이다

한 줄이 된다

누군가 망가뜨릴 수 없는 한 줄이 된다

싱그러운 한 줄이 된다

그저 뒤따라 가면 된다

뒤뚱뒤뚱하면서

엉덩이를 흔들면서

급기야는 꽥꽥대고 싶은 것이다

오리 한 줄 일제히 꽥 꽥 꽥.

자전거 도둑

봄밤이 무르익다

누군가의 자전거가 세워져 있다

자전거를 슬쩍 타보고 싶은 거다

복사꽃과 달빛을 누비며 달리고 싶은 거다

자전거에 냉큼 올라가서는 핸들을 모으고

엉덩이를 높이 쳐들고

은빛 페달을 신나게 밟아보는 거다

꽃나무를 사이사이 빠지며

달 모퉁이에서 핸들을 냅다 꺾기도 하면서

그리고 불현듯 급정거도 해보는 거다

공회전하다

자전거에 올라탄 채 공회전하다

뒷바퀴에 복사꽃 하르르 날리며

달빛 자르르 깔려들며

자르르 하르르.

극명克明

이른 아침 한떼의 참새들이 날아와서는

이 가지에서 저 가지로 옮겨 날고

마당을 종종걸음치기도 하고

재잘재잘 하고 한 것이 방금 전이다

아 언제 날아들 갔나

눈 씻고 봐도 한 마리 없다

그저 참새들이 앉았다 날아간 이 가지 저 가지가 반짝이고

울타리가 반짝이고 쥐똥나무가 반짝이고 마당이 반짝이고

아 내가 언제부터 이런 극명克明을 즐기고 있었나.

일진日辰

오늘따라 나팔꽃이 줄 지어 핀 마당 수돗가에

수건을 걸치고 나와

이 닦고 목 안 저 속까지 양치질을 하고서

늘 하던 대로 물 한 대야 받아놓고

세수를 했던 것인데

그만 모가지를 올려 씻다가 하늘 저 켠까지 보고 말았다

이때 담장을 튕겨져나온 보랏빛 나팔꽃 한 개가

내 눈을 가렸기 망정이지

하늘 거 켠을 공연스레 다 볼 뻔하였다.

풍뎅이

풍뎅이를 잡아

한쪽 날개를 떼고는

등짝으로 돌게 해

땅을 하얗게 쓸게 한 적이 있다

그래서 말인데

나, 언젠가 그만 하나님에게 잡혀

꼼짝달싹 못하고 그저 등짝이나 지고 누울 때

그때 풍뎅이와 치열하기가 똑같진 않다 하더라도

등짝으로 땅이라도 한 번 깨끗하게 쓸어주고는 가야 할텐데

등짝이 다 해어져 너덜거린다 해도

하늘을 어지럽게 돌면서

너 비겁하게 괴롭힌 죄 아니어도 풍뎅아

땅이라도 한 번 깨끗하게 쓸어주고는 가야 할텐데

풍뎅아 풍뎅아.

바다의 구도

해변가에서 바다를 뒤로 뒤로 한껏 포즈를 잡고 찍은 사진 한 장

찰깍, 목이 수평선에 걸려져 있다

지금이라도 목은 켁켁거리며 갈매기를 토해낼 것 같다

아니지 아니지 수평선은 거기다 놓는 것이 아니지

발목 쪽에 놓아야 하지

그래야 바다가 확 트이지

그래야 그래야 바다가 확 달려오지.

경치景致

숨가쁘게 돌았다

속절없었다

저 파노라마를 되감아

백 번을 처음부터 다시 시작한다 하더라도

되감아서

이를테면 꽃이 피었다 하자

꽃봉오리에서 꽃잎이 낱장으로 황홀히 벌어지는 것이라든가

꽃수술 자세하게 올라오는 것이라든가

그렇게 해서 꽃 한 송이 완성되는 것을

연속동작으로 여러 번 반복해서라도

천천히 천천히

직접 내 눈으로 보며 살아가겠다.

라 라 라 라

오늘이 모자라면 모자처럼 날아가고

모자처럼 하모니카 불고

모자처럼 새 되어

모자처럼 옆으로 돌려 쓰고

모자처럼 구름 위에 올려놓고

모자처럼 뒤집어서

새도 꺼내고

토끼도 꺼내고

사과도 꺼내고

오늘이 모자라면 라 라 라 라

모자처럼 공중에 높이 던졌다 받으며

라 라 라 라.

희망

앞이 있고 그 앞에 또 앞이라 하는 것 앞에 또 앞이 있다

어느날 길을 가는 달팽이가 느닷없이 제 등에 진 집을

큰 소리나게 벼락치듯 벼락같이 내려놓고 갈 것이라는데에

일말의 기대감을 가져보는 것이다

그래 우리가 말하는 앞이라 하는 것에는 분명 무엇이 있긴 있을 것이다

달팽이가 전속력으로 길을 가는 것을 보면.

소금쟁이

수련 핀 연못가에 고요히 앉아 본다

난 처음에 검불이 이리저리 불려다니는 줄 알았다

소금쟁이들이다

소금쟁이들이 이따금 물방울 듣는 파문波紋 위를

긴 다리로 왔다갔다 하면서

건너 뛰기도 하면서

파문을 놀고 있다

그걸 보자니

아 다리 한쪽 빠지지 않고 살아온 내 지난至難한 삶이

감사하기만 했다.

세한도 歲寒圖

눈 펄펄 날리는 오늘은 내 나귀를 구해

그걸 타고 그 집에 들르리라

그 집 가게 되면

일필휘지一筆揮之, 뻗치고 휘어지고 창창히 뻗은 소나무 아래

지붕 낮게 해서 엎드린 그 집 주위를

한 열 번은 더 돌게 되리라

우선 당호當戶에 들기 전 헛기침을 해보고

그러고는 내 타고 간 나귀를 살그머니 소나무 기둥에

비끌어 매놓고는

그리고는 냅다 눈발 속으로 줄행랑을 치리라 하는 것이다.

소금창고지기

갈매기 날으고

밀물 썰물 쑥쑥 자라는 바닷가에 소금창고를 짓고

소금창고지기가 되는 거야

긴 장화를 허리까지 입고 삽을 어깨에 걸치고

전갈같이 질척질척한 안개 속을 헤치며

새벽부터 나서는 거야 거기 가서

무엇보다 하얗게 살찐 소금을 가마니째 부려보는 거야

이 세상에서 소금을 넣은 소금가마니처럼

더 무거운 것도 없을거라만

나, 그걸 어깨로 등짐으로 해서 아주 가볍게 뿌려보는 거야.

싸움

불두화가 피었다기에 보러 간다

부처님 머리송아리 같은 불두화가 피었다기에 보러 간다

정말 불두화가 환하게 피었다

그리고 불두화 아래 두꺼비가 꼼짝 않고 있는 것을 보았다

금방 부풀어오를 것 같았다

독을 오글도글 끓일 것 같았다

팽창할 것 같았다

서너 길은 펄쩍 뛰어오를 것 같았다

나는 거길 빨리 지나쳤다

저건 순전히 불두화와 두꺼비와의 싸움에 다름아닐 것이다

오늘만은 난, 그 둘을 다 안 본 것으로 한다.

바다에 관한 백서白書

그렇다고 바다를 보지 않겠다는 게 아니다

파도 또한 정면으로 보지 않겠다는 게 아니다

나는야 고래잡이 선장

갈매기 나르으으고

술은 아무리 마셔도 취하지 않은 이곳에서

어찌하면 독주毒酒를 작살을 먼 바다를 이길까 하다가

그리하여 비틀거리는 내 걸음을

게의 옆걸음으로 슬쩍 바꿔보는 것이다

오 게가 간다

집게발을 높이 올리고

거품을 날리며

눈을 내놨다 감추었다 하면서

옆걸음으로

바다를 비껴서.

호두 두 알

너는 호두 두 알을 주고 갔다

다시는 못 보게 될는지도 모른다

요 호두알을 망치로 사정없이 쳐서 먹을까 하다가

손바닥에 올려 놓는다

손바닥에서 호두 두 알을 굴려본다

이렇게 마냥 굴리다보면 어딘가 도달하게 되리라

거긴 애초에 호두를 싹 틔웠던 호두나무가 아닐까

그리고 호두가 다닥다닥 열린 그 꼭대기를 훨씬 넘어서

찬바람이 불며 가고 있는 너에게로가 될 것이다

호두 두 알을 맞부벼 본다

까르르 우리의 웃음소리가 난다

아 호두알에 아주 작고 따뜻한 작은골이라도 들은 것 같다.

강아지풀

손바닥에 강아지풀을 올려놓고 본다

강아지풀이 기어간다

팔에다도 올려놓고 본다

기어간다

나는 간지럽다

강아지풀은 달아나려 한다

나는 마냥 간지럽다

강아지풀을 엄지와 검지로 살며시 집어올려서는

내 생의 한복판에 내려놓아 본다

강아지풀은 달아나려 한다

요오놈의 강아지풀,

그래, 내 생애 끝까지에라도 기어가거라

어쩜, 나, 죽어서도 간지럽게.

무당벌레

방울토마토 가지에 진딧물이 잔뜩 끼었다

그 아래 무당벌레 한 마리 뒤집혀져 있다

어쩌면 저렇게 꼼짝 안할 수 있나

죽은척한다

뒤집혀져 있다

발을 하늘로 향하고 있다

하늘이 파랗다

죽은척한다

정작 우리네 죽음도 죽지 않고 죽은척으로

조렇게 감쪽같이

무당옷을 화려히 입고 죽은척 죽은척.

수련이 피었다기에

수련 보러 간다

수련 보러 가면서

수련 보러 가는 것이 어제인듯 까마득하다

왜 발은 자꾸 진흙 속으로 빠지는지

한 발을 빼면 또 남은 한 발이 마저 빠지는지

수련 보러 가는 길이 더디다

아마 수련을 보지 못할는지도 모른다

수련 보러 가면서

왜 하품은 나오는 것인지

허공에다 동그란 하품을 몇 번 그리고 나니

정말로 한 백년은 자야 할 것 같다

수련 보러 간다

진흙발을 겨우겨우 떼어놓는다

이러다가는 환속還俗하기도 쉽지가 않겠다

파문波紋

연잎 위의 이슬이

이웃 마실 가듯 한가로이 물 속으로 굴러 내리지만

여기 평화는 반드시 그렇지만은 않다

이슬 한 개 굴러내리면서

아, 수면에 고요히 눈을 뜬 동그라미가 연못을 꽉 차게

돌아나가더니만

이 안에 들어와 잠을 자던 하늘이며 나무며 산이

건곤일척乾坤一擲, 일거에 일어서서 커다란 몸을 추스

린다

새들, 도도히 날아간다.

휘이휘이

갈대밭이 키를 가렸다

나는 키를 가린 갈대밭에서 손을 높이 올렸다

손이 밝아지는 것을 느낄 수 있었다

나, 손을 놓고 싶었다

하늘 저 쪽으로 한 마리 들기러기로 띄우고 싶었다

바람이 불고 있었다

손이 어디인가로 자꾸 쏠렸다

나, 세상 밖에까지 가서는

손을 휘이휘이 내젓다가 오고 싶었다.

4부

바보사막

바보사막

오늘 사막이라는 머나먼 여행길에 오르는 것이니

출발하기에 앞서

사막은 가도가도 사막이라는 것

해 별 낙타 이런 순서로 줄지어 가되

이 행렬이 조금의 흐트러짐이 있어도

또 자리가 뒤바뀌어도 안 된다는 것

아 그리고 그러고는 난생처음 낙타를 타본다는 것

허리엔 가죽 수통을 찬다는 것

달무리 같은 크고 둥근 터번을 쓰고 간다는 것

그리고 사막 한가운데에 이르러서

단검을 높이 쳐들어

낙타를 죽이고는

굳기름을 꺼내 먹는다는 것이다

오, 모래 위의 향연이여.

난쟁이와 저녁 식사를

난, 이때만은 모자를 벗기로 한다

난쟁이와 식탁을 마주할 때만은

난 모자를 식탁 한가운데에 올려놓았다

이번 것은 아주 높다란 굴뚝 모양의 모자였다

금방이라도 포오란 연기가 오를 것도 같고

굴뚝새라도 들어와 살 것 같은 그런 모자였다

사실 꼭 이런 모자를 고집하자는 것은 아니다

식탁 위에서 모자는 검게 빛났다

오라, 모자는 이렇게 바라보기만 하여도 되는 것이로구나

식사를 마친 우리는

벽난로에 마른 장작을 몇 개 더 던져 넣었으며

그리고 식탁을 돌았다

나, 난쟁이 이렇게 둘이서

문 밖에서 꽥 꽥 하는 거위도 들어오라고 해서 중간에 끼워주고는

나, 거위, 난쟁이 이렇게 셋이서

모자를 돌았다.

와불臥佛

나 운주사에 가서 와불臥佛에게로 가서

벌떡 일어나시라고 할 거야

한세상 내놓으시라고 할 거야

와불이 누우면서 발을 길게 뻗으면서

저만큼 밀쳐낸 한세상 내놓으시라고 할 거야

산 내놓으시라고 할 거야

아마도 잠버릇 사납고 무심코 내찼을지도 모를

산 두어 개 내놓으시라고 할 거야

그만큼 누워 있으면 이무기라도 되었을 텐데

이무기 내놓으시라

이무기 내놓으시라

이무기 내놓으시라고 할 거야

정말 안 일어나실 거냐고

천 년 내놓으시라

천 년 내놓으시라고 할 거야.

복숭아

나는 조렇게 예쁜 엉덩이를 가진 것들을 보면

그 엉덩이에다

목숨 壽수 자를 새겨주고 싶어진다.

태아를 모시다

정 선생이 거길 다녀오고 혼쭐이 난 모양이다

보성에 있는 대원사라는 절은 태아만을 모시어놓았다 한다

나도 몇 번 치운 적 있다

내 아기 찾으러 간다

글쎄라 눈도 코도 손도 다 지워졌을 터이고

하물며 등 뒤 점도 지워졌을 터이니

찾을 수 있을는지 이제 와서 찾긴 왜 찾는 건지

정 선생은 직방直放 거기에 이르렀다고 감히 시詩를 쓰시다

극락교를 둘이나 지나 연꽃 바다를 건너서

이제라도 띠 둘러 업고 어디든 가시겠단다

선생님, 그거 업보는 아니겠지요.

장마

종일 비 내리고요

텔레비전도 몇 번을 켰다가 끄고요

팔 쭉 올려 기지개도 켜고요

목도 돌려보고요

그때 옷장 속에서 무슨 소리가 났던 것이다

집 나간 아내가 넣어둔 하마였다

물을 먹고 있었다

난 그만 좀 먹으라고 작작 내리라고

장마야 뒤로 나자빠지라고

물 먹는 하마의 탱탱한 장딴지를 걸고서는 힘껏 밀어젖혔다

글쎄 그게 아니었다

종일 비 내리고요

비 내리고요.

달에 가는 기차

기차에 토끼의 두 귀를 달아주었으면 한다

왠지 토끼라면 달을 여하히 찾아갈 수 있고

어디서 한잠 늘어지게 자고 가더라도 달에 무사히 도착시킬 것 같다.

세월아 네월아

거기서 홍당무까지 씹어 먹으면서 간다면야

아무리 덜컹거린다 해도 그건 숫제 춤 동작이고

경쾌한 음악이기까지 하지 않겠는가 왜 안 그렇겠는가

달에 가는 기차야

기적은 아주 커다란 것으로 울어도 되겠다

아무래도 달의 뒷면을 돌아야 하기 때문이다

그리고 달의 뒷면이란 것은 가서 꽈당 하고 부딪치기보다는

두 귀를 나폴거리며 사뿐히 돌아야 할 것이다

엇갈리는 얼굴들아

토끼야 달려라.

백경 白鯨

고래를 주마고 했다

아니요라고 했다

파이프에 갈매기를 꾹꾹 눌러 담아 피우는 그는

모자도 주마고 했다

아니요라고 했다

삼각 파도 모양의 넓은 모자였다

안경을 벗어 들더니 이 안경은 어떠냐 했다

아니요라고 했다

한쪽에는 구름이 다른 쪽에는 섬이 떠 있는 안경이었다

병 모가지를 쥐고 병째 한 입 쭈욱 들이켜라고 했다

아니요라고 했다

낙조落照처럼 독한 것이었다

작살도 맘에 들면 가지라 했다

아니요라고 했다

또 돛만 떼어갈 수 있으면 그리하라고 했다

아니요라고 했다

먼 바다도 불러주마고 했다

아니요라고 했다

발치에 벗어놓은 검은 장화가 출렁거렸다

거기에 손을 집어넣더니 무얼 끄집어냈다

문어를 주마고 했다

아니요라고 했다.

순한 구름

나 흰 구름 가는 거 본다

어디로 가느냐

저 구름 가는 데로 가면서 양으로 가고 싶다

착한 나사螺絲 같은 뿔을 달고 입을 오물거리며 구름으로 가고 싶다

그러면 어디 순례巡禮하는 자 있어 나를 몰고 가겠지

그도 고개를 숙이고 나를 몰고 가겠지

나는 순하지

암, 서쪽으로 가겠지

서쪽은 순하지.

낙차落差

나, 해 질 무렵에는 화단을 도는 취미도 새로 생겼거니와

꽃에 물을 주고 할 것이다 그런데 말이지

물초롱 가득 차게 물을 받으면서

이 물초롱이 아주 작은 고래라도, 고래였으면 하는 것이다

나는 고래잡이 선장이었다

지금도 고래의 눈을 들여다본다는 것이 두렵기만 하다

그러나 먼 바다에서 솟아오르는 물기둥은 얼마나 장엄했던가

고래의 숨쉬기가 시작된 것으로서

나는 저 물기둥을 여기 화단에 심었으면 하는 것이다

하늘 높다랗게 솟아오르는 물기둥의 낙차를 즐기겠다는 것으로

그 아래에서

나도 젖고

꽃들도

젖고.

고래는 멀리서 더 멀리서

고래는 멀리서 보아야 한다

고래를 보고자 그리도 숨차게 달음박질해왔던 길을

뒷걸음하면서

양손을 마주 들어 짝짝 손뼉을 쳐가면서

뒷걸음하면서

멀리서

더 멀리서

뜻없이 아름다운 허밍의 콧노래라도 부르면서

멀리서 더 멀리서

물구나무서서

바다를 거꾸로 가랑이 사이로 갈매기 나는 것 보기도 하면서

　뒷걸음하면서

　멀리서

　더 멀리서

　그리하여 섬 하나 애틋하게 멀어질 따까지.

산책하는 자전거

작은 숲길을 가다

자전거를 타고 가다가 자전거에서 내려

핸들 한 켠을 한 손으로 붙들고 자전거와 나란히 가다

새소리 명랑하다

항상 그 자리의 그루터기를 만나다

그루터기 옆에 자전거를 모로 눕히고

엉덩이를 꽉 차게 앉다

바람이 불어오다

자전거 바퀴 건성 도는 거 물끄러미 보다

숲 한 켠을 뚫고 햇살 내리다

제비꽃 피다

따릉, 경적을 두 번 울리다

나무들이 일렬로 도열한 그 사이를 자전거와 나란히 가다.

빨간 우체통 앞에서

새를 띄우려고 우체통까지 가서는 그냥 왔다

오후 3시 정각이 분명했지만 그냥 왔다

우체통은 빨갛게 달아올라 있었지만 그냥 왔다

난 혓바닥을 넓게 해 우표를 붙였지만 그냥 왔다

논병아리로라도 부화할 것 같았지만 그냥 왔다

주소도 우편번호도 몇 번을 확인했다 그냥 왔다

그대여 나의 그대여 그 자리에서 냉큼 발길을 돌려서 왔다

우체통은 빨갛게 달아올랐다

알 껍데기를 톡톡 쪼는 소리가 들려왔지만 그냥 왔다

그대여 나의 새여 하늘은 그리도 푸르렀건만 그냥 왔다

새를 조각조각 찢어버리려다가

새를 품에 꼬옥 보듬어 안고 그냥 왔다.

굿모닝

한밤중, 새로 도배한 벽에 그리마가 나왔다

털북숭이 돈벌레가 슬슬 기는 거 보고 나는 내일 웃을 일이

은근히 걱정이 된다

내 몇 개의 결심은 이렇다 내일은 아침에 일어나자마자

볏을 높다랗게 올린 맨드라미한테 가보는 것과

헛간의 거미집을 구경하는 것과

누렁이가 꼬리 치며 달려오면 앉아 일어서 엎드려 무엇을 던지고 가져와

새우깡도 주면서

손 줘 하고 손을 꼬옥 쥐어주는 것으로서

그리고 로또를 산다.

게들의 전쟁

갯바위에 나와 앉아 술병을 나발 불다

뱃고동을 뚜우뚜우 불다

낮달이 뜨다

바야흐로 세상은 썰물인 것으로서 황량한 개펄이다

음 저 달이 밤으로 돌아가지 않고 무얼 하나 했더니

바닷물을 삼키고 있군

개펄 전체가 무수한 구멍들이 송송 나버리다

어렵쇼 저 구멍들에서 무슨 무서운 집게발부터 나오는 게 있어 보니

아주 조그만 게들이다

음 드디어 시작됐군 전쟁이

게들의 군무가 시작되다

갈매기가 떴든가 구름이라도 떴든가 구름이 슬쩍슬쩍 해를 가린다든가

그때마다 게들은 혼비백산 몸을 감추다

구멍에서 나왔단 숨고 숨었다간 다시 나오다

꼭 숨바꼭질하는 거 같다

그렇다면 갈매기 구름 파도 섬 등대 이런 것들을

영원한 술래로 따돌려보는 것도 괜찮다 싶다

햇살이 따사로우니 아 평화란 저런 것일 수 있겠다

먼 바다를 놓고 술 마시면 절대 안 취하기다

그럼에도 불구하고 하루 종일 갯바위를 못 떠나고 있는 나에게

아주 짠 오수午睡가 밀려들다

화해 和解

첫눈이 깔렸으면 좋겠다

첫눈이 아니더라도

나 그걸 주먹만하게 뭉쳐 굴려서는 눈사람을 만들 것이로되

이번만은 눈 코 수염을 붙이지도 숯검댕이를

그리지도 않겠으며

아예 얼굴은 생략, 그렇게 하겠으며

담배도 물리지 않겠으며

굴뚝모자도 씌우지 않겠으며

지팡이도 들리지 않겠으며

그저 둥글게 둥글게만으로 굴리는 것만으로

굴리고 굴리는 것만으로

세상 끝까지에라도 굴리고 굴리는 것만으로

둥글게만으로

나를 받아주겠니.

모래시계

나 사우나탕에 벌거벗고 들어앉아서

모래시계를 뒤집어놓고 그리해보는 것이다

모래가 내려가는 것 자세하게 보면서 낙타를 마지막으로

낙타가 다 내려갈 때를 기다렸다가

모래시계를 뒤집어놓고 그리해보는 것이다

모래가 내려가고

바오밥나무가 내려가고

방울뱀이 내려가고

선인장이 내려가고

해가 이글거리며 내려가고

이윽고 낙타가 나뒹굴어지듯이 내려가는 것을 마지막으로

모래시계를 뒤집어놓고 또 그리해보는 것이다

오히려 사막은 느긋이 즐기는 것이 더 유익하리라

나는 탕에서 나와 나오지도 않는 때를 북북 문질러댔다.

소독차 꽁무니

장마가 끝나가려는가

동마루슈퍼에 앉아 생수병을 빨면서

동네에 느닷없이 소독차나 돌아 나갔으면 하는 것인데

아이구 정말이지

동네에 들어온 소독차가 한 바퀴 돌아 나간다

꽁무니에 연기를 달고

어느새 아이들이란 아이들을 죄 달고

뒤쫓아 오는 개도 달고

신발짝도 달고

돌아 나간다

돌아 나간다

쑥부쟁이 같은 연기를 다발로 달고 돌아 나간다

이거 난리냐

경사냐

하늘에 고추잠자리들 자욱이 떴다.

해태를 돌려놓다

서울에서 서울로 왔다 갔다 한 나였다

오늘부터는 경기에서 서울로 서울에서 경기로 왔다 갔다 한다

어찌어찌 그렇게까지 되었다

이때 꼭 만나는 놈이 있다

뿔을 머리 복판에 세우고는 영 요지부동인 저놈

구름을 고인돌같이 이고 있는 저놈

해태이다, 옳거니 해태, 내 이놈을 어느 날 머리 쪽은 엉덩이가 되고

엉덩이 쪽은 머리가 되게

돌려놓아야겠다

그러면 어서 오십시오는 안녕히 가십시오가 되고

안녕히 가십시오는 어서 오십시오가 되겠지

오가는 구름도 감쪽같이 속아주겠지.

빨래를 널면서

줄 길게 해서 바지랑대 세우고

수도가에 퍼질러 앉아 빨래하다

그렇지 바지랑대만은 내 사는 곳 어디든지

혹 하늘로 가더라도 어깨에 올려 메고 갈 것인즉

거기서도 긴 줄 해서 제비 앉게 하고

잠자리 앉게 하고

어머나 벌써 하나님도 앉아 계시나

빨래 비틀어 짜서는 양손에 들고 탈탈 털어서는

바지든 런닝구든 아래가 위가 되게 거꾸로 매달리게 하는 것도

별난 취미이다

금강金剛처럼 바싹 마르고 또 펄럭이기까지 하여라

흔들고 밟고 북북 문지르며 닦달을 낸 게 언제인데

빨래 널고는

금세 빨래에게 말 걸고 싶어지니.

분꽃

너를 보자마자

짐짓 시치미를 뗀다든가

딴 데를 보는 척하면서

휘파람을 불어야 하는 건데

나는 휘파람을 불 줄 모른다

입을 오므려뜨려보지만

분꽃같이 되지 않는다.

보리물결

난 보리밭을 지나면서 취한 척만 했을 뿐이다

보리밭에 들어가지 않았다

마침 거길 지나가는 들병이의 손목을 잡았음만은 시인한다

보리밭에 들어가지 않았다

보리밭에서 종다리가 날아올랐는지 그런 거 같기도하다

종다리가 분홍 목젖이 보이도록 저렇게 공중에서 재잘대는 것은

그건 종다리가 노래하는 것이다

나는 보리밭 한가운데를 저토록 깔고 뭉개지 않았다

거기서 뒹굴지도 숨결이 거칠어지지도 숨을 포개지도 들썩거리지도

구름처럼 들리지도 않았다

보리밭에 들어가지 않았다 허나

오늘은 보리 까끌까끌 익는 냄새가 천지를 진동하거니와

나 이번엔 진짜로 취해봐야겠다.

공양供養

절에서 사는 개야

무슨 사정이 있었겠지 개야

어쩌다 절밥을 먹게 됐다 이건데

그래 고기 한 점 없는 절밥, 맛있냐 맛없냐

그래 공양이란 거 싹싹 비울 만하냐

어떻냐

아직 먼 것 같다

밥을 먹다 말고도 숲 속 저편에다

귀를 바짝 세우질 않나 짖지를 않나

사람만 보면 몸을 기며 꼬리를 흔들며 아는 척하는 것이 아직 멀었다.

가소롭다

개가 이리 뛰고 저리 뛰고 할 때마다

몸 쪽 어디에서 풍경風磬 소리가 나오는데

아마 처마 끝 종에 달린 물고기라도 꿀꺽 삼켰을라구

그랬을라구

다만 개야 나는 네가 오래오래 개이기를 바란다.

소망은 온전하다

나도 내 자전거가 있었으면 하는 것으로

그러면 자전거를 아주 잘 탔을 텐데 하는 것이

그것이 우리 아버지를 지나 나를 지나 비로소 우리 애한테 가서 이루어졌는데

그참 이제라도 이루어지는 소망, 소망이 고맙다

내가 봐도 우리 애, 자전거를 참 잘 탄다

어쩌면 바람이 내준 자리가 아닌가 하였으며

바람이 내다리는 것 같았으며

수양버들 휙휙 늘어진, 저수물 찰랑거리는 뚝방길을 달리는데

바람이 바람을 가르는 것이었으며

새소리가 났으며

바퀴살은 햇살을 훼살지으며 돌았으며

소망은 아직도 새것인 양 반짝거렸으니 소망아 고맙다

허 참 우두커니 서 있는 나를 보더니간

타라고 해서 얼떨결에 그만 손바닥만한 짐칸에 올라타고 말았는데

이놈 보게 처음에는 핸들에서 한 손을 떼어놓더니

어렵쇼 양손 다 놓아버리고 냅다 달리니

내 등 뒤에선 잠바가 바람이 하나가득

아 내 소망은 온전하였다.

5부
화창한 날

사루비아

꽃말을 알지 못하지만 나는

사루비아에게

혹시 병상에 드러누운 내가

피가 모자랄 것 같으면

수혈을 부탁할 거라고

말을 조용히 건넨 적이 있다

유난히 짙푸른 하늘 아래에서가 아니었는가 싶다

사루비아, 수혈을 부탁해.

해바라기

해바라기, 길 가다가 서 있는 것 보면 나도 우뚝 서 보는 것이다

그리고 하루에도 몇 번이고 쓰고 벗고 하는 건방진 모자일망정

머리 위로 정중히 들어 올려서는

딱히 누구라고 할 것 없이 간단한 목례를 해보이고는

내 딴에는 우아하기 그지없는

원반 던지는 포즈를 취해보는 것이다

그럴까

해를 먹어버릴까

해를 먹고 불새를 활활 토해낼까

그래 이렇게 해야 한다는 거겠지

오늘도 해 돌아서 왔다.

신현정 시인의 「해바라기」 육필 원고

빨간 모자의 레이스

경마장에 밤이 왔다

목책을 따라 핀 아카시아 꽃이 달빛에 교교했다

빨간 모자가 이동하기 시작했다

마사 쪽이었다

발해의 꿈이 먼저 알아보고 히힝 코를 불었다

우선 온몸에 휘감긴 채찍과 당근을 풀어주어야 했다

새 편자를 입힐 때와 똑같은 두근거림이었다

노역을 남김없이 벗겨주니 푸름이 우뚝 일어서 있는 거와 같았다

빨간 모자 또한 입고 있는 옷과 가죽 장화는 물론 실오라기 한 올 남기지 않은 알몸이 됐다

애초에 발해의 꿈이라고 하는 것이 아니었다

쉬리라든가 블랙러시라 불렀다 한들 그 또한 그럴 것이다

레이스는 자꾸 끊겼다

빨간 모자는 말 등허리에 몸뚱아리를 찰싹하니 엎드렸다

그때 달의 총성이 울렸다

아 이 밤을 벌거숭이 두 놈이 한 몸이 되어 독주하도다.

포란抱卵

어미 닭은 잘 아는 것이다

알을 얼마만큼이나 품어야 하는 것인지

또 알을 살그머니 굴리어주어야 한다는 것을

숨이 붙고 눈이 생기고 별 같은 입이 나오고

나뭇잎 같은 날개가 돋도록

알을 굴리어주어야 한다는 것을

이제 껍데기를 쪼아대는 소릴 들을 때도 되었는데

어미 닭은 잘 아는 것이다

울타리 한 켠에서 개나리가 언제쯤이면 핀다는 것을

이 알들 깨어나면 이 애들 데리고

개나리 환히 꽃 핀 속으로 소풍 갈 날짜도 굴리어

보는 것이다.

시인과 선인장

햇빛 좋은 창가에다 선인장을 길렀겠다

아니 길렀다라기보다 거기 화분이 놓여졌다고나 할까

선인장은

물도 어쩌다가 생각나면 주면 되는 것이어서

이 게으른 시인에게는 행복한 정물이 아닐 수 없다

어라 시인, 오늘은 웬일인가 물을 다 주고

왜 당장이라도 모랫길 허허한 사막으로 떠나기라도 하겠다는 것인가

세수하고 얼굴 닦는 타올 갖고는

그 멋들어진 터번이 만들어질 리가 없지

히히잉 히이힝 낙타 울음 흉내까지 내보는 것이지만

그래가지고서야 모래 폭풍에 단숨어 먹혀버리고 말지

다소 굴욕적이긴 해도

온몸을 가시 같은 그 무엇으로 덮어보렷다.

화창한 날

집을 돌았다

분꽃을 따 입술에 물고 분꽃을 불면서 돌았다

분꽃 꽁무니가 달착지근했다

장닭을 불면서 돌았다

볏이 불볕 같은 장닭을 불면서 돌았다

나도 목을 길게 빼올리고는 꼬끼오도 해보면서 돌았다

개를 불면서 돌았다

담장을 훌쩍 넘어가라고 애드벌룬만 하게 개를 불면서 돌았다

고무호스를 불면서 돌았다

고무호스를 하늘로 치켜올리고 부웅브웅 불며 돌았다

벌 떼 소리를 내면서 돌았다

먼 골짜기 물소리를 내면서 돌았다

맨발로 돌았다

집아 사방을 뺑돌아 열려져라

집을 불면서 돌았다.

비 개인 날의 우산

햇빛이 쨍쨍 내리 쬐는데도 불구하고 난 우산을 들고 다녔어

아침부터 내린 비가 그쳐도 벌써 그쳤는데 말이야

박쥐처럼 생긴 검정 우산이었어

그래 박쥐를 들고 다닌 꼴이 되었어

아니 우산 또 어디다 두고 왔어

이 양반은 늘 그래 하는 우리 마누라도 마누라지만

정말 우산 어디로 갈세라 동사무소에 갈 때에도 공원에 갈 때에도

지하철을 타거나 내릴 때에도

난 내내 우산을 옆구리에 끼거나 들고 다녔어

아예 박쥐를 활짝 펴서 높다랗게 올려 쓰고 다닐걸

그랬어

    아무렴 어디인들 못 갈라구 우산을 쓰고서 말이야

    찍찍 박쥐 소리라도 내라면 내면서 말이야

    직사광선이 따가운 적도赤道 그 바로 아래라도 말이야

    마누라 마누라 하루도 개일 날 없이 얼굴에 비 주룩주룩 오는

    마누라 마누라 우리 마누라.

별사탕의 탄생

별들 속에서도 별사탕이 되고 싶은 별들이 있다

별사탕이 꿈인 별들이 있다

별사탕처럼 사르르 녹고 싶은 별들이 있다

별사탕의 색깔을 갖고 싶은 별들이 있다

별사탕처럼 셀로판지에 색색깔로 담겨보고픈 별들이 있다

별사탕처럼 구멍가게의 구멍으로 쏘옥 들어가고픈 별들이 있다

그래서 별사탕이 되고 싶은 별들의 꿈이 있었기에

별사탕은 탄생했다

우리 어렸을 때는 별을 봉지에 팔았다.

참회 懺悔

소나무에 흰 눈이 무겁게 얹혀 있는 거 보고

아 하나님 어디 있나 했다

세상은 인기척 하나 없이 무섭게 고요하다

소나무 또한 무섭게 서 있다

소나무가 무슨 죄 있나

내가 무슨 죄 있나

나는 소나무를 팔 있는 대로 끌어안고 흔들어도 보다가

흰 눈 내린 소나무 아래를 꽝꽝 밟다가

흰 눈이나 뒤집어쓰고 그러다가

날 어두어져서야 돌아왔던 것이다

소나무 아래 저 어지럽게 널린 발자국은 꼭 내 것만은 아니다.

영원 혹은 찰나

새벽길의 잎 잎에 맺힌 이슬 안에는

작은 새가 살면서

아주 짧은 울음을 노래하다가는 그만 날아가는 것 아니겠니.

야 단풍이다

지나가는 누구들이 무수히 입을 맞추고 가지 않은 다음에야

저리 황홀해할 수가 있겠는가

숨이 막히도록 퍼붓는

입맞춤 입맞춤에

혼절, 혼절, 또 혼절.

아무 표적 없이

흰 눈 내린 날은 흰 눈을 꽝꽝 밟아보자

흰 눈 뒤집어쓴 나무들 조용히 바라보자

혹시 짐승의 발자국 난 데 없나 두리번거려보자

아무 표적 없이 눈 한 덩이 뭉쳐 힘 있게 던져보자

민들레 곁에 쭈그리고 앉아 있다 보면

혹시 나비가 되어 날아오르게 될지

민들레에 걸려 넘어지는 척 그러는 척, 꽈당하고 넘어져보아라

나비가 되어 날아오르게 될지

민들레가 햇빛과 바람과 이슬로 홀씨 만드는 걸 들여다보아라

나비가 되어 날아오르게 될지

민들레 곁에 팔베개하고 누워

파란 하늘에 길을 내는 비행운을 따라가 보아라

나비가 되어 날아오르게 될지.

발문
나, 그냥 저 똥에 경배하고 싶어진다
— '바보사막' 시인 신현정

홍 일 표 시인

나, 그냥 저 똥에 경배하고 싶어진다
- '바보사막' 시인 신현정

홍 일 표 시인

 죽어서도 살아 있는 그는 현재진행형이다. 그의 육체는 이미 흙이 되었겠다. 양평 소나무숲의 솔새 한 마리 되었겠다. 그가 남긴 몇 권의 시집이 내 곁에 가까이 있다. 그가 남긴 불멸의 몸이다. 생전 그는 변방에 홀로 있었고, 죽음과 함께 놀 줄 아는 순정한 시인이었다. 그래서 그는 유명했다. 아는 이들은 안다. 그가 얼마나 고독하게 시와 더불어 살아왔는지를. 생전 제자도 든든한 우군도 없었지만 그의 시가 금강석 같이 오래 빛날 것이라는 것을.

아침 신문에서 신현정 시인의 '사루비아'에 대한 이영광 시인의 단평을 읽으면서 10년 전 일들이 떠올랐다. '사루비아'는 신현정 시인이 작고 직전 『현대문학』에 마지막으로 발표한 작품인데 대구에서 서둘러 올라온 문인수 시인이 병상 옆에 앉아 낭송하자 어린아이처럼 좋아했었다. 숨을 놓기 며칠 전 객혈 중에도 링거병에 소주를 넣어주면 좋겠다는 농담을 하면서 특유의 서글서글한 웃음을 짓던 모습도 잊을 수 없다. 그도 사람인지라 죽음에 대한 두려움이 있었을 법도 한데 옆에서 보기에 그는 이미 죽음 밖에서 유유자적하는 사람처럼 보였다. 그의 시가 작고한 지 10년이 지난 지금에도 여전히 곳곳에서 호명되고 있는 것은 신현정 시에 대한 가장 정직한 평가일 것이다.

무위와 천진난만한 웃음, 선량한 시심이 신현정 시의 고유한 특징이다. 그는 평소 지론대로 사물을 주인공으로 세우고 자신은 엑스트라가 되어 현실과 비현실의 경계를 넘나들며 무위와 실컷 놀다 간 시인이었다.

 2009년 작고 후 그의 유고시집을 내기 위해 여러 출판사를 전전했지만 거절당한 기억이 있다. 마지막에 『세계사』에서 시집을 내주어 간신히 빛을 보게 되었다. 『화창한 날』은 그렇게 세상에 나왔다. 2010년 1주기 행사를 출판문화회관에서 가졌고, 많은 시인들이 참석하여 그를 추모하였다. 어느덧 10년 너머 저쪽의 일이 되었다. 이번에 펴내는 시선집은 신현정 시인의 지음(知音) 윤석산 시인의 기획과 〈도서출판 도훈〉 이도훈 시인의 선한 뜻, 부인 이정휘 여사의 도움으로 출간하게 되었다.

 여건이 된다면 『신현정시인상』을 제정하여 운영하고 싶다. 상금이 수천만 원이나 되는 크고 화려한 문학상이 아닌 아주 소박하고 조촐한 상을 제정하여 문단의 무명시인에게 건네고 싶다. 좋은 시를 쓰면서도 여러 가지 이유로 주목받지 못하고 변방에 있는 시인들이 있다. 당대에 조명을 받지 못하고, 쓸쓸한 생애로 일관한 시인들을 찾아내어 그들에게 작은 위로의 꽃다발을 전하고 싶다. 그때 꽃은 꼭 야생의 들꽃이었으면 좋겠다. 그것이 개똥에게도 경배하고 싶다고 한 신현정 시인을 기리는 일일 거라는 생각을 하고 있다. 멀고 멀어서 길을 가다 부서지는 달팽이의 돈이 아니었으면 좋겠다.

서정의서정6
빨간 우체통 앞에서
ⓒ 신현정, 2024

지은이_ 신현정

발 형 인_ 이도훈
편집기획_ 유수진
교   정_ 김미애
펴 낸 곳_ 도서출판 도훈
초판발행_ 2024년 1월 30일

사무실_ 서울시 서초구 법원로3길 19, 2층 W109호
       (서초동, 양지원빌딩)
전 화_ 02) 595-4621, 010-6722-4621
팩 스_ 050-4227-4621
이메일_ flyhun9@naver.com
홈페이지_ www.dohun.kr

ISBN_ 979-11-92346-67-0 03810
정가_ 12,500원